ici 1

A2

2

GW00630842

Fichier « Découvertes »

(fiches détachables)

version internationale

D. ABRY
Y. DAÂS
C. FERT
H. DESCHAMPS
F. RICHAUD
C. SPERANDIO

CLE
INTERNATIONAL

i c i 2

A2

Fichier « Découvertes »

(fiches détachables)

version internationale

D. ABRY
Y. DAÂS
C. FERT
H. DESCHAMPS
F. RICHAUD
C. SPERANDIO

CLE
INTERNATIONAL

www.cle-inter.com

Direction éditoriale : Michèle Grandmangin-Vainseine
Édition : Virginie Poitrasson
Conception graphique/maquette : ICI Design
Mise en pages : Laure Gros
Iconographie : Clémence Zagorski
Illustrations : Eugène Collilieux

Table des matières

Mode d'emploi des tâches du fichier « Découvertes » réalisées hors de la classe

Ce fichier « *Découvertes* » est la partie nouvelle, originale, proposée par la méthode ICI. Il vous permet d'approfondir votre apprentissage du français, hors de la classe, dans des situations réelles et de devenir un vrai acteur social.
Vous avez ainsi l'occasion de partir **à la découverte de la ville et de ses habitants** :
• soit en français auprès d'interlocuteurs francophones dans votre ville ou à distance avec des interlocuteurs de pays francophones,
• soit dans votre langue maternelle auprès de votre entourage.

Il y a dans votre ville une école française, un département de français à l'université, une Alliance Française, une ambassade ou un consulat, des entreprises ou des commerces francophones, et vos enseignants connaissent certainement des Francophones. *ICI* vous propose de les solliciter pour vous permettre de réaliser un vrai projet en français.
Par ailleurs, vos enseignants peuvent éventuellement mettre en place un dispositif de correspondance par courrier électronique avec des étudiants habitant dans un pays francophone, ou vous faire effectuer des recherches sur des sites en français sur Internet.

Pour chaque unité, le *fichier « Découvertes »* comporte 3 à 6 tâches à réaliser, dans la ville, en petits groupes de deux ou trois, pendant vos moments de liberté. Au début, il s'agit plutôt d'observations, de repérage de lieux, d'objets, de mots ou d'écrits en français. Ensuite, dès que vos connaissances vous le permettent, les tâches de découverte vous proposent d'échanger en français, à l'oral ou par écrit.

Les tâches proposées tiennent compte de **la diversité de vos situations** :
• vous entrez en contact direct avec des interlocuteurs francophones de votre ville, ou bien vous échangez en français par Internet;
• vous utilisez les ressources francophones autour de vous, ou bien vous partez à la découverte de votre propre histoire pour la transposer ensuite en français.

Ainsi, le nombre et le type de découvertes réalisées dépendront des possibilités offertes par votre environnement.
Les unités du *fichier « Découvertes »* se présentent de la manière suivante :
• des consignes vous expliquent où aller, quelles informations rechercher, quelles personnes rencontrer ou contacter par Internet ;
• des questions détaillées vous précisent les différentes informations à recueillir et vous guident dans votre rédaction ;
• des espaces vous permettent d'écrire ou de dessiner les informations que vous recueillez pendant l'enquête ;
• chaque unité s'achève sur une partie appelée *Journal de vie*, qui vous permet de décrire vos activités, et vos impressions sur différents sujets. L'ensemble de ce journal peut devenir le récit personnel de votre apprentissage et de votre expérience du français.

Matériellement, ce fichier est constitué de feuilles perforées que vous pouvez découper et emporter séparément lors de vos enquêtes. Vous pouvez ensuite les insérer dans un classeur, en y ajoutant des feuilles plastique qui recevront les différents documents que vous collecterez : photos, affiches, publicités, textes, etc.

Pendant les enquêtes, il est conseillé d'emporter avec vous, si c'est possible :
• un dictionnaire bilingue,
• un appareil vous permettant d'enregistrer vos conversations,
• un appareil photo pour rapporter des images.

Quand vous avez réalisé vos tâches de **découvertes**, vous en faites le compte rendu à la classe. Cet échange vous permet de partager vos expériences culturelles et linguistiques avec les apprenants et l'enseignant.

Mode d'emploi du fichier « Découvertes »

Boîte à outils pour les enquêtes

- Bonjour, je suis étudiant(e) étranger(ère) et j'apprends le français, je peux vous/ te poser quelques questions ?
- Bonjour, excusez-moi/excuse-moi de vous/te déranger, je suis étudiant(e) étranger(ère) et je voudrais vous/te poser quelques questions…

- Ça ne va pas prendre beaucoup de temps.
- Ça va prendre quelques minutes seulement.
- Ce n'est pas très long, quelques minutes seulement …
- Je fais une enquête sur _____, vous voulez/tu veux bien me répondre ?
- Je m'intéresse à _____ et je fais une petite enquête sur ce thème, vous voulez/tu veux bien me répondre ?

- Je peux vous/t'enregistrer ? C'est pour pouvoir réécouter ensuite, pour être sûr(e) d'avoir bien compris…
- Vous acceptez/tu acceptes que je vous/t'enregistre ? C'est pour mieux comprendre.

- Je pourrais vous/te prendre en photo ?
- Je peux vous/te prendre en photo ?
- Vous voulez/tu veux bien que je vous/te prenne en photo ?
  C'est pour mon dossier.
- Vous pouvez/tu peux parler plus lentement ?
- Vous pouvez/tu peux répéter, s'il vous/te plaît ?
- Je n'ai pas bien compris, vous pouvez/tu peux répéter ?

- Vous pouvez/tu peux me l'écrire sur mon cahier ?
- Est-ce que vous pouvez/tu peux m'épeler ce mot ? Je ne sais pas l'écrire.

- Merci beaucoup, Madame, Monsieur,…
- Je vous/te remercie.
- Merci, c'est très gentil d'avoir répondu à mes questions.
- C'est sympa d'avoir répondu, merci.
- Au revoir.
- Au revoir et bonne journée.
- Bonne journée.
- Au revoir et encore merci.

Tâche 1 Les noms de famille

a) *Choisissez un immeuble, dans quel quartier et dans quelle rue est-il ?*

_____

_____

b) 👁 *Observez l'entrée (l'extérieur et l'intérieur) de cet immeuble.*

Où peut-on voir les noms de famille des habitants ?

_____

_____

c) ✎ *Observez l'ensemble des noms de famille des habitants et classez-les dans le tableau.*

Un seul nom de famille pour un appartement	Plusieurs noms de famille pour un appartement	Noms de famille composés pour un appartement

1. À votre avis, quand il y a un seul nom de famille, quel type de famille (traditionnelle, monoparentale, recomposée…) peut habiter dans l'appartement ?

_____

_____

2. Et quand il y a plusieurs noms de famille différents ?

_____

_____

d) ✎ *Parmi les noms de famille observés, écrivez ceux qui, selon vous, sont d'origine de votre pays, d'origine française ou d'une autre origine.*

Noms de famille d'origine française	Noms de famille d'origine étrangère

1. Que constatez-vous ?

_____

_____

_____

e) ✎ *Est-ce que vous pouvez expliquer l'origine de certains noms de famille de cet immeuble ?*

Origines	Noms
Professions	
Apparence physique	
Traits de caractère	
Lieux géographiques	
Plantes, arbres, animaux	
Liens familiaux	
Autres…	

f) ✎ *Donnez votre avis.*

– Quel est le nom de famille que vous trouvez le plus drôle ? Pourquoi ?

_____

_____

– Quel nom de famille aimeriez-vous porter ? Pourquoi ?

_____

_____

– Quel nom de famille n'aimeriez-vous pas porter ? Pourquoi ?

_____

_____

Pour sourire

Que signifie l'expression *Traiter quelqu'un de tous les noms* ?

_____

_____

Tâche 2 Les animaux et leurs maîtres

a) 👁 *Observez les animaux de votre ville.*

1. Sont-ils toujours accompagnés d'un maître ? Dans ce cas, sont-ils attachés ou en liberté ?

....

2. Ont-ils un accessoire (collier, manteau, ruban…) ?

....

3. Ont-ils une fonction ? Laquelle ?

....

4. Y a-t-il des animaux sauvages (écureuils, pigeons, etc) ? Où se trouvent-ils ?

....

5. Choisissez un animal. Dessinez-le ou prenez une photo.

b) 👁 *Observez les maîtres et leurs animaux.*

1. Qu'est-ce qui vous amuse ?

_____

2. Qu'est-ce qui vous surprend ?

_____

3. Qu'est-ce qui vous choque ?

_____

4. Qu'est-ce qui vous fait peur ?

_____

c) ✎ *Observez plus particulièrement un maître/une maîtresse et son animal.*

1. Dans quel lieu se trouvent-ils ?

_____

2. Entourez les mots qui peuvent le/la caractériser.

☐ Le maître/la maîtresse : homme – femme – avec des enfants – sans enfants – jeune – enfant – d'âge moyen – âgé(e) – grand – petit – de taille moyenne – mince – gros(se)

☐ L'animal : gros – petit – attaché – en liberté – avec accessoires – calme – agressif – gentil – méchant – propre – sale – bruyant

3. Faites leur portrait à l'aide de ces mots.

_____

_____

_____

_____

_____

d) ✎ *Quel est l'animal le plus important, selon vous, dans votre pays ? Quelle est sa place dans la société ? (On le considère comme un membre de la famille, un gardien, un ami, une aide…) Expliquez.*

_____

_____

_____

_____

_____

Pour sourire

Que signifie l'expression *Avoir un caractère de chien* ?

_____

_____

Tâche 3 Portrait d'une famille

a) 👄 *Interrogez une personne, si possible francophone.*

– Quel est votre nom ? ....

– Quel est votre âge ? ....

– Avez-vous des frères et sœurs, des demi-frères ou des demi-soeurs ? Combien ? ....

– Comment s'appellent-ils ? Quelle différence d'âge y a-t-il entre eux ? ....

– Sont-ils mariés ? Avez-vous des neveux et des nièces ? Habitent-ils la même ville que vous ?

– Combien de frères et sœurs votre père a-t-il ? Comment s'appellent-ils ? Où habitent-ils ?

– Combien de frères et sœurs votre mère a-t-elle ? Comment s'appellent-ils ? Où habitent-ils ?

– Sont-ils mariés ? Avez-vous des cousins et des cousines ? ....

– Combien de frères et sœurs votre grand-père a-t-il ? ....

– Combien de frères et sœurs votre grand-mère a-t-elle ? ....

– Combien d'enfants avez-vous ? Comment s'appellent-ils ? ....

– Si vous n'avez pas encore d'enfant, avez-vous déjà des idées de prénoms de fille et de garçon ?
Que signifie le(s) prénom(s) que vous avez choisi(s) ? ....

b) 🖊 *Faites le portrait de votre famille.*

....

....

....

....

....

....

....

Pour sourire

Que signifie l'expression *C'est tout le portrait de son père* ?

....

....

Mon journal de vie

Vous êtes assis dans un café, un restaurant ou sur un banc dans un parc.
Vous regardez autour de vous et vous observez une famille. Vous décrivez la scène.

Où êtes-vous ? Quel jour de la semaine sommes-nous ? Quel temps fait-il ?
Combien de personnes y a-t-il dans la famille ?
Quel âge ont-elles ? Comment sont-elles habillées ?
Que se disent-elles ? Que font-elles ? Travaillent-elles ? Vont-elles à l'école ?
Que mangent-elles ? Que boivent-elles ?
Sont-elles de bonne humeur ? De mauvaise humeur ?
S'il y a des enfants, à quoi jouent-ils ? Ont-ils des jouets ?
Ont-ils un animal ? Que fait-il ?

Tâche 1 Dans un établissement scolaire français ou francophone

a) 👁 *Recherchez l'adresse d'un établissement scolaire* dans votre ville.*

....

....

Par groupes de deux ou trois, allez dans l'établissement.

b) 👁 *L'extérieur de l'établissement.*

1. Décrivez ce que vous voyez.

Cochez les bonnes réponses :

Il est ☐ moderne   Il est ☐ propre

        ☐ ancien   ☐ sale

Il y a ☐ des arbres   Il y a ☐ des panneaux   Il y a ☐ des affiches

        ☐ du béton   ☐ un arrêt de bus   ☐ des poubelles

        ☐ des barrières   ☐ un parc à vélos   ☐ des bancs

Il est ☐ fermé par une porte   ☐ fermé par une barrière

        ☐ ouvert sur l'extérieur   ☐ surveillé par un gardien   ☐ autre : ....

Prenez-le en photo.

2. Repérez tout ce qui est écrit en français à l'intérieur ou l'extérieur du bâtiment et recopiez-le.

....

....

* un établissement scolaire : une école, un collège, une université, un centre de langues, etc.

Tâche 1 Dans un établissement scolaire français ou francophone

3. Et vous ? À quoi ressemble l'établissement où vous apprenez le français ?

_____

_____

c) 🖊 *Les élèves de l'établissement.*

Décrivez les élèves que vous voyez.

1. Quels vêtements portent-ils ? Quelle coupe de cheveux ont-ils ? Quelle sorte de sac ont-ils ?
Quelles chaussures portent-ils ? Ont-ils des accessoires, lesquels ?

_____

_____

_____

_____

_____

2. Cochez les cases correspondantes.

Ils sont : ☐ seuls   ☐ en groupe

Ils ☐ mangent ☐ boivent ☐ parlent ☐ lisent ☐ travaillent ☐ rient ☐ crient ☐ autre : _____

d) 👄 *À la rencontre d'un(e) élève francophone.*

1. Qui répond ?   ☐ un garçon   ☐ une fille

Il/elle a quel âge ? _____

Il/elle s'appelle : _____

2. Questionnaire

Tu es dans quelle classe ? _____

Tu prépares quel diplôme ? Quelle est ta spécialité ?

Photo de l'élève

_____

Tu as choisi une option ? _____

Il y a combien d'élèves dans ta classe ? _____

En général, tu as combien d'heures de cours par semaine ? _____

Tu habites loin ? Tu viens comment ? _____

_____

Qu'est-ce que tu fais quand tu as du temps libre ? _____

_____

_____

Pour sourire

Que signifie l'expression *Il a la bosse des maths* ?

_____

_____

Tâche 2 Enquête sur le travail

👁️ *Cherchez des lieux et entreprises francophones de votre ville (société privée, ambassade, consulat, etc). Faites-en une liste.*

_____

_____

a) 👄 *Par deux, vous allez interroger une personne qui travaille dans un de ces lieux.*

1. Qui répond ?   ☐ un homme   ☐ une femme

Il/elle a quel âge ? _____

2. Questionnaire

Quel est votre métier ? Votre entreprise ?

_____

Quelle(s) langue(s) utilisez-vous dans votre travail ?

_____

Vous avez des diplômes ? Si oui, lesquels ?

_____

_____

Quels sont vos horaires de travail ? _____

Vous travaillez combien d'heures par semaine ? _____

Combien de vacances (en jours, en semaines) avez-vous ?

_____

Question facultative : Combien gagnez-vous par mois ? _____

Donnez quatre mots pour définir votre travail :

1 _____   3 _____

2 _____   4 _____

b) 🖊️ *Présentez la personne que vous venez d'interroger (études, métier, salaire ...).*

_____

_____

_____

_____

_____

Pour sourire

Que signifie l'expression *Avoir un poil dans la main* ?

_____

_____

Tâche 3 Les métiers

a) 👁 *Lisez les fiches suivantes.*

En France…

Nicole Coiffeuse

Horaires : de 10h à 19h du lundi au samedi
5 semaines de congés
1450 euros/mois + pourboires
BEP coiffure
Qualité indispensable : habileté
Avantage : contact
Inconvénient : debout toute la journée

Jean-Yves Chauffeur de taxi

10h à 11h de travail par jour
6 jours sur 7
Travaille week-end et jours fériés
3 semaines de vacances
1500 euros/mois (selon le nombre
d'heures travaillées)
Niveau collège
Qualité indispensable : disponibilité
Avantage : indépendance
Inconvénient : horaires

Daoud Commerçant

12h de travail/jour
6 jours sur 7
Travaille le week-end
2 semaines de vacances
2300 euros/mois
Niveau Bac
Qualité indispensable : disponibilité
Avantage : contact
Inconvénient : horaires

Maryline Secrétaire

35 h/semaine
5 semaines de vacances
1800 euros
BTS secrétariat bilingue
Qualité indispensable : efficacité
Avantage : horaires
Inconvénient : garder le sourire
en toutes circonstances

b) ✎ *Choisissez un métier parmi ces annonces. Cherchez une personne qui fait le même métier dans votre ville et interrogez-la.*

1. Qui répond ?   ☐ un homme   ☐ une femme

Quel âge a-t-il/elle ? ....

2. Questionnaire

Quel est votre métier ? ....

Quels sont vos horaires de travail ? ....

Combien d'heures travaillez-vous par semaine ? ....

Combien de vacances avez-vous ? ....

Avez-vous fait des études ? Avez-vous des diplômes ? Si oui, le(s)quel(le)s ? ....

....

....

Pouvez-vous me donner un avantage et un inconvénient de votre métier ? ....

....

....

c) *Présentez la personne interrogée. Comparez ses réponses avec les informations de l'annonce correspondante.*

_____

_____

_____

_____

_____

_____

_____

_____

_____

_____

_____

_____

_____

_____

_____

_____

_____

_____

_____

_____

_____

_____

Pour sourire

Que signifie l'expression *Les cordonniers sont toujours les plus mal chaussés* ?

_____

_____

Tâche 4 Une personne âgée parle de son métier

Allez voir l'une des personnes les plus âgées de votre famille ou de votre entourage.

a) 👁 ***Où êtes-vous ?***

☐ dans une maison de retraite   ☐ chez la personne   ☐ dans un parc

☐ dans un café   ☐ autre : ....

b) 👁 ***Quand vous avez rencontré cette personne, elle***

☐ avait l'air triste.   ☐ avait l'air joyeux.   ☐ s'ennuyait.   ☐ buvait.

☐ regardait la télévision.   ☐ fumait.   ☐ était seule.

☐ discutait.   ☐ attendait.   ☐ autre : ....

c) 👄 ***À la rencontre de cette personne :***

1. Qui vous répond ?

☐ un homme   ☐ une femme

Il / elle est   ☐ marié(e)   ☐ célibataire   ☐ veuf / veuve   ☐ divorcé(e)

Quel âge a-t-il/elle ? ☐ entre 50 et 60 ans ☐ entre 60 et 70 ans ☐ entre 70 et 80 ans ☐ + de 80 ans

Quel est votre lien de parenté avec cette personne ?

....

2. 🖊 Questionnaire

Tu travailles encore ou tu es retraité ? Si oui, depuis combien de temps ? Quel est (était) ton métier ?

....

Tu as fait des études ? Lesquelles ? ....

Tu as commencé à travailler à quel âge ? Si tu es à la retraite, tu as arrêté à quel âge ?

....

Pourquoi tu as choisi ce métier ? ....

Quels étaient les avantages et les inconvénients de ce métier ? ....

....

Tu travaillais combien d'heures par jour ? Tu te levais à quelle heure ? ....

....

Tu avais des vacances ? Quels étaient tes loisirs ? ....

....

Tu as aujourd'hui la possibilité de recommencer, tu fais le même métier ? ....

Tu te souviens sûrement d'une anecdote. Tu pourrais me la raconter ? ....

....

Pour sourire

Que signifie l'expression *Être en plein boum* ?

....

....

Mon journal de vie

Écrivez le parcours de votre vie, de vos premiers jours à l'école à aujourd'hui.

J'ai commencé l'école à…
Mon meilleur copain…
Ensuite je suis allé(e) au collège…
Mon prof préféré était…
Au lycée j'ai rencontré…
J'ai continué mes études…
Mon premier travail…
J'ai beaucoup aimé…

à la découverte
des **sentiments**

Tâche 1 Les sentiments au cinéma

👁 *Allez voir un film francophone en version originale sous-titrée.*

1. Quel est le titre du film ? Quels sont les noms du réalisateur et des deux acteurs principaux ?

_____

2. Vous avez choisi de voir :

☐ un film d'amour ☐ un film d'aventures ☐ un film de science-fiction
☐ un film policier ☐ un drame ☐ un film d'animation
☐ un film d'horreur ☐ une comédie ☐ une comédie musicale
☐ autre : _____

3. Pendant le film, les spectateurs :

☐ ont ri. ☐ ont mangé. ☐ ont applaudi.
☐ ont crié. ☐ ont bu. ☐ ont parlé.
☐ ont pleuré. ☐ ont sifflé. ☐ sont partis avant la fin.
☐ autre : _____

4. Qu'avez-vous ressenti ?

☐ Vous avez aimé. ☐ Vous vous êtes ennuyé(e). ☐ Vous avez été choqué(e).
☐ Vous avez détesté. ☐ Vous avez eu peur. ☐ Vous avez été déçu(e).
☐ Vous vous êtes amusé(e). ☐ Vous avez été ému(e). ☐ Vous avez appris.
☐ autre : _____

5. Vous avez aimé : Vous n'avez pas aimé :
☐ la musique ☐ la musique
☐ le jeu des acteurs ☐ le jeu des acteurs
☐ l'histoire ☐ l'histoire
☐ les décors ☐ les décors
☐ les effets spéciaux ☐ les effets spéciaux
☐ autre : _____ ☐ autre : _____

6. Quel(s) adjectif(s) pouvez-vous utiliser pour décrire vos impressions ? Ce film était :
☐ excellent ☐ horrible
☐ émouvant ☐ banal
☐ bon ☐ mauvais
☐ intéressant ☐ stupide
☐ drôle ☐ ennuyeux
☐ autre : _____ ☐ autre : _____

7. Quels sont les différents sentiments qu'ont éprouvés les héros pendant le film ?

_____
_____

Pour sourire

Que signifie l'expression *Arrête ton cinéma* ?

_____
_____

Tâche 2 Acheter des fleurs

a 👁 *Observez une personne qui vend des fleurs.*

Où se trouve-t-elle ? Dans un magasin ? Dans la rue ? Sur un marché ? Décrivez les couleurs, les odeurs et donnez le nom des fleurs.

....

....

Prenez une photo ou faites un dessin.

b 👄 *Interrogez cette personne.*

1. Quelle est votre fleur préférée ? Pourquoi ?

....

2. Quelle(s) fleur(s) vendez-vous le plus pour :

☐ un décès ? ....

☐ un rendez-vous amoureux ? ....

☐ une invitation à dîner chez des amis ? ....

☐ une réunion de famille ? ....

☐ une cérémonie religieuse ? ....

c 👁 *Allez sur le site http://www.interflora.fr/. Cliquez sur « Entrez dans la boutique » à droite de l'écran.*

1. Observez la partie « Selon l'occasion », à gauche de l'écran. À quelles occasions offre-t-on des fleurs ?

....

....

2. Choisissez une occasion. Quel bouquet choisiriez-vous ? Pourquoi ?

....

....

....

Pour sourire

Que signifie l'expression *Être fleur bleue* ?

....

....

Tâche 3 Les impressions dans une ville ou un pays francophone

a) 👄 *Interrogez une personne si possible francophone ou une personne qui a vécu dans une ville francophone.*

1. Comment s'appelle cette ville ? Où se trouve-t-elle ? Vous y étiez il y a longtemps ? En quelle année ? Combien de temps y êtes-vous resté(e) ?

....

....

2. Dans cette ville, quelles scènes, quels lieux

– vous ont rendu heureux(se)?

....

....

– vous ont rendu triste ?

....

....

– vous ont surpris(e) ?

....

....

....

– vous ont mis(e) en colère ?

....

....

– vous ont fait peur ?

....

....

3. Décrivez un bon ou un mauvais souvenir que vous avez de cette ville.

....

....

....

....

....

....

Tâche 3 Les impressions dans une ville
ou un pays francophone

b) *Et vous, dans votre ville, quels sont les endroits que vous aimez ou que vous n'aimez pas et pourquoi ?*

....

....

....

....

....

....

....

....

....

Allez dans un de ces endroits. Prenez-le en photo ou dessinez-le.

Pour sourire

Que signifie l'expression *Être gai comme un pinson* ?

....

....

Tâche 4 Des goûts et des odeurs

a) 👄 *Interrogez une personne, si possible francophone.*

C'est ☐ un homme ☐ une femme

Il/elle a ☐ moins de 20 ans ☐ de 20 à 30 ans ☐ de 30 à 40 ans ☐ plus de 40 ans

1. Quelle odeur, quelle boisson, quel produit associez-vous

– au matin ?

....

– au soir ?

....

– au printemps ?

....

– à l'automne ?

....

– à l'hiver ?

....

– à l'école ?

....

– aux vacances ?

....

2. Parmi ces odeurs, lesquelles :

– aimez-vous ?

....

– détestez-vous ?

....

3. À quels mots (fruits, légumes, boissons, objets…) associez-vous les adjectifs suivants ?

– salé : ....

– sucré : ....

– chaud : ....

– froid : ....

– calme : ....

– bruyant : ....

– doux : ....

– dur : ....

Tâche 4 Des goûts et des odeurs

b) *Allez sur le site belge http://www.jeff-de-bruges.com/.*

1. Cliquez sur « Origine chocolat », en haut de l'écran, puis sur « Histoire ». D'où vient le chocolat ? Qui l'a introduit en France ? À quelle date ?

....

....

....

2. Cliquez sur « Nos chocolats ». Choisissez une spécialité. Présentez-la. Faites un dessin ou collez son image.

....

....

....

c) *Et pour vous...*

1. Votre ville est une odeur, c'est : ....

....

2. Votre ville est un goût, c'est : ....

....

3. Votre ville est une couleur, c'est : ....

....

4. Votre ville est un bruit, c'est : ....

....

5. Votre ville est une matière, c'est : ....

....

Pour sourire

Que signifie l'expression *Avoir du nez* ?

....

....

Mon journal de vie

Vous racontez une première expérience (naissance d'un frère/sœur, premier amour, premier voyage à l'étranger, premier vol en avion …). Vous évoquez ce que vous avez fait, entendu, vu, senti, touché. Vous présentez tous les sentiments, toutes les odeurs et les sensations que vous avez ressenties, aimées, détestées, adorées.
Vous illustrez votre récit avec des photos que vous avez prises ou des cartes postales que vous avez achetées.

Tâche 1 Observer son environnement

Québec   Abidjan   Panneau solaire en Allemagne

👁 *Promenez-vous dans votre ville. Répondez aux questions.*

– Y a-t-il de vieux immeubles, des monuments historiques ? À quelle date le plus ancien a-t-il été construit ?

....

– Y a-t-il beaucoup de nouveaux immeubles ? Combien d'étages ont-ils en moyenne ? Servent-ils d'habitations et/ou de bureaux ?

....

– Quel est le bâtiment le plus haut ? Où se trouve-t-il ? À quoi sert-il ? ....

....

– Y a-t-il des bâtiments à panneaux solaires ? Lesquels ? Pourquoi ? ....

....

– Y a-t-il des arbres, des fleurs dans les rues, sur les places ? Un peu ? Beaucoup ? ....

....

– Y a-t-il des industries ? Lesquelles ? Où se trouvent-elles ? ....

....

– Le ciel est-il souvent bleu ? Gris ? Pourquoi ? ....

....

– L'air sent-il bon ? Mauvais ? Pourquoi ? ....

....

– La ville est-elle bruyante ? Calme ? Pourquoi ? ....

....

Pour sourire

Que signifie l'expression *Envoyer promener quelqu'un* ?

....

....

Tâche 2 Faire le tri des déchets /ordures

a) 👄 *Interrogez une personne, si possible francophone.*

C'est ☐ un homme ☐ une femme.

Il/elle a ☐ moins de 20 ans ☐ de 20 à 30 ans ☐ de 30 à 40 ans ☐ plus de 40 ans.

Posez-lui ces questions.

1. Combien de poubelles différentes y a-t-il dans votre ville ? De quelle(s) couleur(s) sont-elles ? Dessinez ces poubelles.

2. Poubelle ou déchetterie ? Où doit-on jeter les déchets/ ordures ? Écrivez sur les poubelles que vous avez dessinées les noms des objets que vous pouvez y jeter.

– les os de poulet

– la peau des fruits et des légumes

– les bouteilles en verre

– les boîtes en carton

– les journaux

– les boîtes en métal

– les bouteilles et flacons en plastique

– les piles

– les ampoules

– les appareils électroménagers

– les vêtements

– la vaisselle cassée

3. Combien de poubelles avez-vous dans votre logement ?

4. Faites-vous le tri des ordures ? Pourquoi ?

....

....

5. Depuis combien de temps triez-vous vos ordures ?

6. Y a-t-il une déchetterie dans votre ville ? Y êtes-vous déjà allé(e) ? Quel(s) objet(s) y avez-vous apporté(s) ?

....

....

....

....

7. Y a-t-il une usine de retraitement des ordures dans votre ville ? Savez-vous ce que le recyclage des ordures permet de fabriquer ?

....

....

....

b) *Et vous ? Faites-vous le tri (verre, papier, vêtements, métal...) ? Comment ? Pourquoi ?*

....

....

....

....

....

....

....

....

....

....

Pour sourire

Que signifie l'expression *Trier sur le volet* ?

....

....

Tâche 3 Êtes-vous un(e) bon(ne) écolo ?

a) 👄 *Interrogez une personne, si possible francophone.*

C'est ☐ un homme ☐ une femme.

Il/elle a ☐ moins de 20 ans ☐ de 20 à 30 ans ☐ de 30 à 40 ans ☐ plus de 40 ans.

1. Pensez-vous être un(e) bon(ne) écolo ? Pourquoi ?

....

....

2. Répondez aux questions.

	Toujours	Souvent	Rarement	Jamais
A. Éteignez-vous la lumière chaque fois que vous sortez d'une pièce ?				
B. Laissez-vous couler l'eau quand vous vous brossez les dents ?				
C. Prenez-vous plus d'une douche/d'un bain par jour ?				
D. Triez-vous vos ordures ?				
E. Mettez-vous vos courses dans des sacs en plastique ?				
F. Achetez-vous des ampoules économiques ?				
G. Laissez-vous votre télévision/ordinateur en veille ?				
H. Utilisez-vous une voiture pour vous déplacer pour des trajets courts ?				
I. Achetez-vous du papier recyclé ?				

3. Faites-vous des actions en faveur de l'environnement ? Expliquez.

....

....

....

....

b) ✏️ *L'environnement est-il une préoccupation dans votre pays ? Et vous, est-ce que cela vous intéresse ?*

....

....

....

....

....

....

Pour sourire

Que signifie l'expression *Être vert de rage* ?

....

....

Tâche 4 | Se déplacer dans la ville

a) *Allez sur le site de la ville de Genève (http://www.ville-ge.ch/). Cliquez sur « Découvrir Genève », puis sur « Transports », à droite de l'écran.*

1. Répondez aux questions.

– Quels sont les différents moyens de transport proposés par la ville ?

....

– Quel est le moyen de transport le plus inhabituel pour vous ? Pourquoi ?

....

– Quel est le moyen de transport public le plus écologique pour vous ? Pourquoi ?

....

– Y a-t-il des pistes cyclables ? Combien de kilomètres ?

....

– Cliquez sur « Covoiturage ». Qu'est-ce que la ville propose aux automobilistes ? Cliquez sur « Informations générales » à gauche de l'écran. Quels sont les avantages du covoiturage ?

....

....

– Cliquez sur « Plan piétons » (en bas de l'écran), puis sur « des actions ». Qu'est-ce que la ville propose aux piétons ? Pourquoi ?

....

....

2. À votre avis, votre ville fait-elle des efforts pour respecter l'environnement ? Expliquez.

....

....

....

....

b) 👄 *Interrogez une personne, si possible francophone.*

C'est ☐ un homme ☐ une femme

Il/elle a ☐ moins de 20 ans ☐ de 20 à 30 ans ☐ de 30 à 40 ans.

1. Comment allez-vous travailler ?

	toujours	souvent	de temps en temps	jamais
en bus				
en tram				
en train				
à vélo				
en scooter, à moto				
en métro				
en voiture				
à pied				

Pourquoi ? _____

2. Comment allez-vous faire vos courses ? Pourquoi ?

	toujours	souvent	de temps en temps	jamais
en bus				
en tram				
en train				
à vélo				
en scooter, à moto				
en métro				
en voiture				
à pied				

Pourquoi ? _____

3. Comment vous déplacez-vous pour vos loisirs ?

	toujours	souvent	de temps en temps	jamais
en bus				
en tram				
en train				
à vélo				
en scooter, à moto				
en métro				
en voiture				
à pied				

Pourquoi ? _____

c) ✏️ *Et vous ? Comparez avec la personne que vous avez interrogée.*

_____

_____

_____

Pour sourire

Que signifie l'expression *Déplacer des montagnes* ?

_____

_____

Mon journal de vie

Vous avez décidé de décrire votre ville à différentes heures de la journée.

Vous vous levez très tôt, à l'heure où les personnes partent au travail, où la ville s'éveille.
Que voyez-vous ?
Vous faites la même chose le soir tard quand la nuit est tombée. Comparez.
Prenez des photos.
Quel temps fait-il ? Quelle heure est-il ? En quelle saison ?
Les transports en commun fonctionnent-ils ? Sont-ils pleins ?
Y a-t-il des voitures qui circulent ? Y a-t-il des vélos ? Y a-t-il des passants ?
Sont-ils pressés, fatigués, tristes ou joyeux ? Sont-ils seuls ou en groupes ?
Comment sont-ils habillés ? Que font-ils ?

à la découverte
de la **consommation**

Tâche 1 Le panier d'un étudiant

👄 *Vous avez 2 possibilités :*

• Vous connaissez un(e) étudiant(e) francophone venu(e) étudier dans votre pays. Par groupes de deux ou trois, allez le/la rencontrer pour savoir comment il/elle gère son argent.

• Interrogez un(e) étudiant(e) de votre nationalité que vous ne connaissez pas. Vous raconterez ensuite votre entretien en français au reste du groupe. Par groupes de deux ou trois, vous allez le/la questionner pour savoir comment il/elle gère son argent.

1. Qui répond ?

Quel est son prénom ? _____

Il/elle étudie dans quelle ville ? _____

Il/elle est en quelle année ? _____

Il/elle a : ☐ moins de 20 ans
☐ entre 20 et 25 ans
☐ entre 25 et 30 ans
☐ plus de 30 ans

A-t-il/elle des revenus ? ☐ Oui   ☐ Non

Si oui, lesquels ?   ☐ Petits boulots   ☐ Argent des parents   ☐ Bourse
☐ Enveloppes cadeaux   ☐ Prêt bancaire   ☐ Autre : _____

Combien dépense-t- il/elle par mois ? _____

2. Qu'est-ce qui lui coûte le plus cher ?
Numérotez par ordre croissant ses dépenses.

☐ Logement   ☐ Alimentation   ☐ Sorties au restaurant   ☐ Eau/gaz/électricité
☐ Livres   ☐ Vacances   ☐ Voiture   ☐ Cinéma
☐ Sport   ☐ Vêtements   ☐ Week-end   ☐ Santé

☐ Autre : _____

– Qu'est-ce qui coûte trop cher d'après lui/elle ? _____

– Qu'est-ce qui lui manque et qu' il/elle ne peut pas s'acheter ? _____

– Y a-t-il des moments de l'année où il/elle dépense plus d'argent ? À quelle(s) occasion(s) ? _____

_____

– A-t-il/elle des idées/des trucs pour dépenser moins ? _____

_____

– S'il/si elle avait plus d'argent, que ferait-il/elle ? _____

_____

Pour sourire

Que signifie l'expression *Mettre du beurre dans les épinards* ?

_____

_____

Tâche 2 Circuit touristique

👄 *Vous allez chercher les lieux (agence de voyage, tour opérateur,...) qui organisent des visites de votre pays pour des touristes qui parlent français. Par groupes de deux ou trois, prenez rendez-vous avec un guide francophone.*

1. Qui répond ? ☐ un homme   ☐ une femme

Quel est son prénom ? ....

2. Posez-lui ces questions.

Combien de touristes s'adressent à vous chaque année ? Sont-ils tous francophones ?

....

De quel(s) pays viennent-ils ?

☐ Belgique   ☐ France   ☐ Autre : ....

☐ Canada   ☐ Suisse

Parlent-ils notre langue ? Sinon, quelle langue parlent-ils ?

....

À quelle période viennent-ils ?

☐ En hiver   ☐ Au printemps   ☐ Pendant les vacances scolaires

☐ En été   ☐ En automne   ☐ En dehors des vacances scolaires

Combien de temps ?

....

Quel type d'hébergement choisissent-ils ?

☐ L'hôtel   ☐ Le camping

☐ Le gîte   ☐ Les chambres chez l'habitant

☐ L'auberge de jeunesse   ☐ Autre : ....

Quelles activités souhaitent-ils faire ?

☐ Des activités sportives : ....   ☐ Des rencontres avec l'habitant : ....

☐ Des excursions : ....   ☐ Des soins du corps (massage...) : ....

☐ Des voyages organisés : ....   ☐ Des visites culturelles : ....

Autres souhaits : ....

Quels sont leurs lieux préférés lors des visites ? ....

....

....

Combien coûtent vos visites ? ....

....

Pour sourire

Que signifie l'expression *Les voyages forment la jeunesse* ?

....

....

Tâche 3 La publicité

Au choix, partie A ou B.

Partie A : Quelle(s) chaîne(s) de télévision francophone(s) pouvez-vous regarder ?

a) 👁 *Choisissez une chaîne et regardez les publicités.*

– Quels sont les produits présentés dans les publicités ?

– Relevez les marques de quelques produits.

– Connaissez-vous ces produits ? Essayez de les classer dans ce tableau.

Produits/marques français	Produits/marques étrangers (non français)	Je ne sais pas

– Écrivez deux slogans que vous avez entendus.

– Quelle est la publicité que vous avez préférée ? C'était pour quel produit ? Quelle marque ?

– Quelle est la publicité que vous n'avez pas aimée ? C'était pour quel produit ? Quelle marque ?

Tâche 3 La publicité

b) *Y a-t-il des différences entre les publicités que vous avez regardées et celles de votre pays ? Expliquez.*

....

....

....

Partie B : Trouvez un magazine francophone (format papier ou sur Internet).

👄 *Par deux ou trois, choisissez une publicité qui vous plaît et une qui ne vous plaît pas. Collez ces publicités, leurs photos ou recopiez leurs slogans.*

J'aime	Je n'aime pas

👄 *Présentez-les et expliquez pourquoi l'une vous plaît et pourquoi l'autre ne vous plaît pas.*

✒ *Y a-t-il des différences entre la publicité que vous avez regardée sur ces magazines et celle de votre pays ? Si oui, expliquez les différences.*

....

....

....

....

Pour sourire

Que signifie l'expression *C'est très tendance !* ?

....

....

Tâche 4 La mode

a) 👄 ***Par groupes de deux ou trois étudiants, interrogez une personne, si possible francophone, sur la mode.***

C'est : ☐ un homme   ☐ une femme

– Quelle est votre activité principale ?

....

Vous avez : ☐ moins de 20 ans
☐ entre 20 et 40 ans
☐ entre 40 et 60 ans
☐ plus de 60 ans

– Pour vous, y a-t-il des moments où bien s'habiller est important ? Quels sont ces moments ?

....

....

– Pour vous, y a-t-il des moments où bien s'habiller n'a pas d'importance ? À quel moment ?

....

– Pour vous être bien habillé c'est :

☐ être original

☐ porter des vêtements confortables

☐ porter des vêtements neufs

☐ porter des vêtements de marque

☐ être discret

☐ être à l'aise

☐ être séduisant(e)

☐ être comme tout le monde

☐ porter beaucoup de couleurs

☐ autre : ....

– Pensez-vous être à la mode ?

....

b) ✏️ ***Pour vous, être la mode, c'est quoi ? Décrivez quelqu'un que vous trouvez à la mode :***

....

....

....

– Connaissez-vous des marques françaises ? Si oui, lesquelles ?

....

– Vous êtes-vous déjà acheté un vêtement de marque ? Si oui, racontez. Si non, pourquoi ?

....

....

....

– Où peut-on s'acheter des vêtements de marque dans votre ville ?

....

– Où peut-on trouver des vêtements de marque française ?

....

– Classez par ordre d'importance vos critères pour choisir un vêtement.

☐ Prix   ☐ Confort   ☐ Matière   ☐ Originalité

☐ Marque   ☐ Nécessité   ☐ Style   ☐ Qualité

Tâche 4 La mode

Où allez-vous pour acheter vos vêtements ?

☐ Dans des grandes surfaces

☐ Dans des boutiques de prêt à porter

☐ Sur Internet

☐ Autre : ....

☐ Dans une solderie

☐ Sur un marché

☐ Dans des boutiques de créateurs

– Pourquoi ? ....

....

....

– Qu'est-ce que vous aimez dans la mode actuelle ? ....

....

....

– Qu'est-ce que vous n'aimez pas ? ....

....

....

c 👄 *Prenez une photo de quelqu'un que vous trouvez « à la mode ». Comparez avec la photo d'une personnalité française trouvée dans un magazine. Qu'est-ce qui est différent ? Qu'est-ce qui est semblable ? Qu'est-ce que vous aimez ou n'aimez pas ? Expliquez.*

....

....

....

....

Pour sourire

Que signifie l'expression *L'habit ne fait pas le moine* ?

....

....

Mon journal de vie

Décrivez votre comportement de consommateur.

Dépensez-vous beaucoup d'argent ? Qu'achetez-vous ? Faites-vous souvent des achats ? Où achetez-vous ?
Dans des supermarchés ? Sur les marchés ? Achetez-vous par plaisir ? Achetez-vous toujours des choses utiles ?
Achetez-vous seulement quand vous en avez besoin ? Pour offrir ? À quelle(s) occasion(s) ?
Qu'achèteriez-vous si vous aviez plus d'argent ?
Avez-vous des solutions pour payer moins cher (brocante, troc, soldes…) ?
Êtes-vous influencé(e) par la publicité, par la mode ?

à la découverte
6 de la **technologie**

Tâche 1 Naviguer sur Internet

a) 👄 *Interrogez une personne, si possible francophone abonnée à Internet.*

C'est... ☐ un homme ☐ une femme
Il/elle a... ☐ moins de 20 ans ☐ de 20 à 30 ans ☐ de 30 à 40 ans ☐ plus de 40 ans

1. Depuis quand êtes-vous abonné(e) à Internet ?

....

2. Combien payez-vous par mois ? Ce prix comprend-il le téléphone ? La télévision ? Est-ce une connexion bas débit ou haut débit (ADSL) ?

....

3. Combien d'heures passez-vous sur Internet en moyenne chaque jour ?

....

4. Que faites-vous sur Internet ?

☐ Vous cherchez des informations ? Lesquelles ? Pourquoi ?

....

☐ Vous étudiez quoi ?

....

☐ Vous travaillez ? Quel genre de travail ?

....

☐ Vous écoutez de la musique ? Quelle sorte de musique ?

....

☐ Vous regardez des films ? Quel genre de films ?

....

☐ Vous envoyez des messages électroniques ? À qui ?

....

☐ Vous participez à des forums de discussion ? Lesquels ?

....

☐ Vous faites vos courses ? Qu'est-ce que vous achetez ? Sur quel(s) site(s) ?

....

☐ Vous jouez en réseau avec d'autres internautes ? À quels jeux ?

....

☐ Vous discutez en direct ? Comment ? Avec qui ?

....

☐ Vous avez créé votre site ? Pourquoi ?

....

☐ Vous avez créé votre blog ? Qu'est-ce que vous y avez mis ?

....

☐ Autre : ....

5. Avez-vous déjà téléchargé des fichiers ?
Jamais ? De temps en temps ? Souvent ? Quelle sorte de fichiers ? Payants ? Pourquoi ?

....

....

6. Qu'avez-vous fait la dernière fois que vous êtes allé(e) sur Internet ? C'était quand ?
Combien de temps y êtes-vous resté(e) ?

....

....

7. Internet est-il très utilisé dans votre pays ? Pourquoi ?

....

....

8. Avez-vous déjà eu des problèmes sur Internet ? Quel(s) genre(s) de problèmes ?

....

....

b) *Et vous ? Comparez avec la personne que vous avez interrogée.*

....

....

....

....

....

....

....

....

Pour sourire

Que signifie l'expression *Être déconnecté* ?

....

....

Tâche 2 Allô ?

a) 👄 *Interrogez une personne, si possible francophone qui a un téléphone portable.*

C'est… ☐ un homme ☐ une femme

Il/elle a… ☐ moins de 20 ans ☐ de 20 à 30 ans ☐ de 30 à 40 ans ☐ plus de 40 ans

1. Combien de téléphones portables avez-vous déjà eus ?

2. Quel type de forfait ou de carte avez-vous ? Quel est le montant de votre facture de téléphone ? A-t-elle tendance à augmenter ?

3. À quel âge avez-vous eu votre premier téléphone portable ? Vous l'a-t-on offert ? L'avez-vous acheté ?

4. Vos (grands-)parents ont-ils un téléphone portable ? Depuis combien de temps ? Pourquoi ?

5. Combien de temps passez-vous au téléphone en moyenne chaque jour ?

6. Que faites-vous avec votre téléphone portable ?

☐ Vous appelez des amis.

☐ Vous passez des coups de fil professionnels.

☐ Vous envoyez des messages.

☐ Vous prenez des photos.

☐ Vous jouez à des jeux.

☐ Vous téléchargez de la musique.

☐ Vous téléchargez des images.

☐ Vous filmez.

☐ Autre :

7. Où mettez-vous votre portable ? Vous arrive-t-il de ne pas l'avoir ? Dans quelle(s) situation(s) ?

8. Vous arrive-t-il de l'éteindre ? Pourquoi ? Dans quelle(s) situation(s) ? Dans quel(s) lieu(x) ?

9. Avez-vous une sonnerie personnalisée ? Laquelle ?

....

....

10. Que dit le message de votre répondeur ?

....

....

b) *Et vous ? Comparez avec la personne que vous avez interrogée.*

....

....

....

....

....

....

....

....

....

....

....

....

....

....

....

....

....

....

....

Norman Rockwell

Pour sourire

Que signifie l'expression *Le téléphone arabe* ?

....

....

Tâche 3 Les nouvelles technologies

a) 👄 *Interrogez une personne, si possible francophone.*

C'est ☐ un homme   ☐ une femme

Il/elle a ☐ moins de 20 ans   ☐ de 20 à 30 ans   ☐ de 30 à 40 ans   ☐ plus de 40 ans

1. Quelle est votre activité principale ?

2. Les nouvelles technologies vous intéressent :

☐ un peu   ☐ énormément

☐ beaucoup   ☐ pas du tout

Pourquoi ?

3. Quel(s) appareil(s) possédez-vous ?

☐ un téléphone portable   ☐ un lecteur MP3

☐ un appareil photo numérique   ☐ un caméscope numérique

☐ une webcam   ☐ une clé USB

☐ un ordinateur portable   ☐ autre(s) :

4. Lequel de ces appareils aimeriez-vous posséder ? Pourquoi ? Pourquoi ne l'avez-vous pas encore acheté ?

5. En dehors de la liste proposée, y a-t-il autre chose que vous aimeriez acheter prochainement ? Pourquoi ?

6. Quel appareil trouvez-vous le plus utile dans votre quotidien ? Pourquoi ?

7. Quel appareil trouvez-vous le moins utile dans votre quotidien ? Pourquoi ?

8. Quelles nouvelles technologies vos parents possèdent-ils ?

9. Pensez-vous que votre pays est dans la même situation que la France sur le plan des nouvelles technologies ? Expliquez pourquoi.

b) ✎ *Et vous ? Pensez-vous être à la pointe des nouvelles technologies ? Comparez avec la personne interrogée.*

_____

_____

_____

_____

_____

_____

_____

_____

_____

_____

c) 👁 *Allez dans un magasin d'électroménager. Quelles sont les nouveautés ? Quels appareils aimeriez-vous acheter si vous aviez beaucoup d'argent ? Pourquoi ?*

_____

_____

_____

_____

_____

_____

_____

_____

_____

_____

_____

_____

Pour sourire

Que signifie l'expression *Ne pas avoir inventé l'eau chaude* ?

_____

_____

Mon journal de vie

Vous avez fait un rêve étrange. Vous étiez projeté dans l'avenir en 2050 et vous utilisiez un appareil qui n'existe pas aujourd'hui. Vous racontez votre rêve.

Où étiez-vous ?

Que faisiez-vous avec cet appareil ? Comment était-il ? Grand ? Petit ? À quoi servait-il ?

Étiez-vous heureux(se) ?

N° d'éditeur : 10184862 - décembre 2011

Imprimé en France par la Nouvelle Imprimerie Laballery
58500 Clamecy
N° impression : 111304 - dépôt légal : novembre 2009

La Nouvelle Imprimerie Laballery est titulaire de la marque Imprim'Vert®